This Book Belongs to:

_____

_____

_____

Find One of a Kind

Color by Numbers

```
0 0 0 0 0 0 0 0 0 7 7 7 7 7 7 7 7 7 7 7 7 7 7 7 7 7 7 7
0 0 0 0 0 0 7 7 7 7 7 7 7 7 7 7 7 7 7 7 7 7 7 7 7 7 7 7
0 0 0 0 7 7 7 7 7 1 7 1 1 1 1 1 1 1 7 7 7 7 7 7 7 7 7 7
0 0 0 7 7 7 7 7 1 2 1 1 2 2 2 2 2 1 1 7 7 7 7 7 7 7 7 7
7 7 7 7 7 7 7 1 2 1 2 2 2 1 1 1 1 2 2 1 1 7 7 7 7 7 7
7 7 7 7 7 7 1 2 1 1 1 2 2 2 2 2 1 1 2 2 2 1 7 7 7 7 0
7 7 7 7 7 1 1 1 1 2 1 1 1 1 1 2 2 1 2 2 2 2 1 0 0 0 0
7 7 7 7 7 1 1 1 2 2 2 2 1 1 1 1 1 2 2 1 2 2 2 2 1 0 0 0
7 7 7 7 1 1 2 2 2 2 2 2 2 2 1 1 2 2 1 1 2 2 1 0 0 0
7 7 7 7 7 1 1 2 2 2 2 2 2 2 1 1 2 2 2 2 1 2 1 1 0 0
7 7 7 7 7 7 1 1 2 2 2 6 6 6 6 2 1 1 1 2 2 1 1 2 2 1 0
7 7 7 7 0 0 0 1 1 2 6 7 7 7 6 2 2 1 1 2 1 2 2 2 1 0
7 7 0 0 0 0 0 0 1 6 7 7 7 7 7 6 2 2 1 2 1 2 2 2 1 0
0 0 0 0 0 0 0 0 0 6 7 0 7 7 7 6 2 2 1 2 1 2 2 1 0
0 0 0 0 0 0 0 0 6 7 0 0 7 7 7 7 6 2 2 1 2 1 2 2 1 0
0 0 0 0 0 0 0 0 6 7 0 7 7 7 7 6 2 2 1 2 2 1 2 1 0
0 0 0 0 0 0 0 3 6 7 7 7 7 7 7 6 3 2 2 2 1 2 2 1 1 0
0 0 0 0 0 3 3 4 6 7 3 3 7 3 3 6 4 3 3 2 2 1 2 1 0
0 0 0 0 0 3 4 4 4 4 3 4 4 3 4 4 4 4 4 3 2 2 1 1 1 0
7 7 0 0 3 4 4 4 4 4 4 4 4 4 4 4 4 4 4 4 3 3 2 2 1 0
7 7 7 7 3 4 3 3 3 4 4 4 4 3 3 3 4 4 4 4 4 3 1 1 0
7 7 1 1 4 3 5 5 0 3 4 4 3 5 5 0 3 4 4 4 4 1 1 0 0
7 1 1 4 4 3 5 5 0 3 4 4 3 5 5 0 3 4 4 4 4 1 1 1 0
7 1 1 4 4 3 0 0 0 3 5 4 5 3 0 0 0 3 4 1 1 4 1 2 1 1 0
7 1 1 4 4 4 3 3 3 4 4 5 4 4 3 3 3 4 1 2 2 1 2 2 1 1 0
7 1 1 4 4 4 4 4 4 4 4 4 4 4 1 1 1 1 2 2 2 2 2 1 2 1 0
7 7 7 1 1 4 4 1 1 1 1 1 4 1 2 2 2 2 2 2 1 1 1 2 2 1 7
7 7 7 1 1 1 1 1 1 1 2 2 1 2 2 1 1 2 2 1 1 2 2 2 1 7 7
0 7 7 7 1 1 1 2 2 2 1 2 2 2 1 2 2 1 1 2 1 2 2 1 7 7 7
0 0 0 7 7 1 2 2 2 2 2 1 1 1 2 2 2 2 2 2 2 1 1 7 7 7 7
0 0 0 0 0 0 1 2 2 2 2 2 1 1 2 2 2 2 2 2 2 2 1 7 7 7 7
0 0 0 0 0 0 0 1 1 2 2 2 2 1 1 2 2 2 2 2 2 1 1 7 7 7 7
0 0 0 0 0 0 0 0 0 1 1 1 1 1 7 1 1 1 1 1 7 7 7 7 7 7 7
7 7 0 0 0 0 0 0 0 0 0 0 0 7 7 7 0 0 0 7 7 7 7 7 7 7
7 7 7 0 0 0 0 0 0 0 0 0 0 0 0 0 0 0 0 0 0 0 0 7 7 7 7
```

1 - Purple
2 - Pink
3 - Orange
4 - Beige
5 - Black
6 - Blue
7 - Light blue

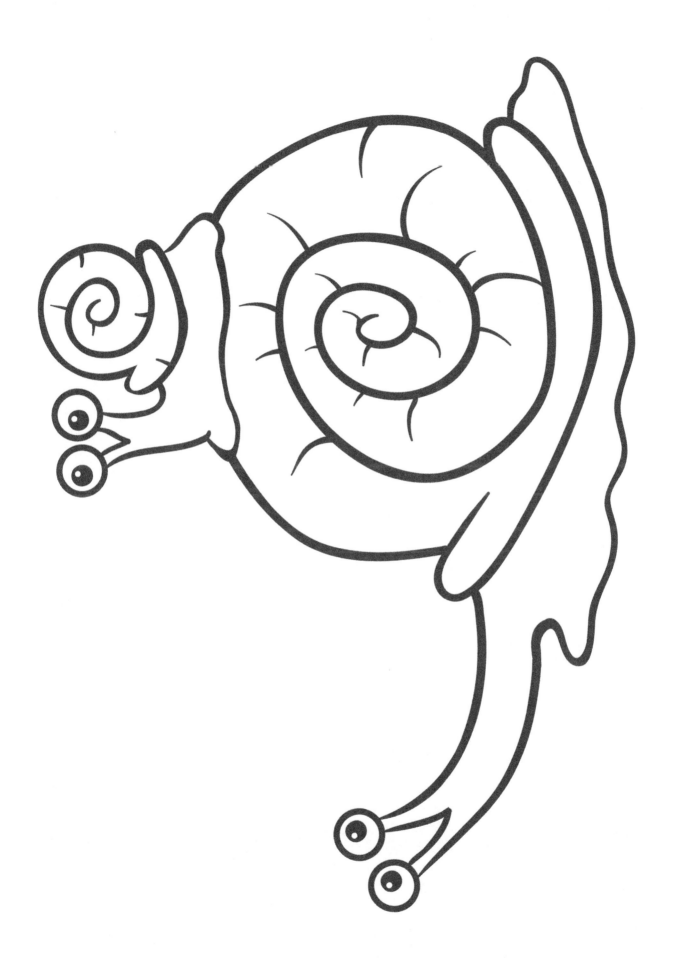

Complete the Picture

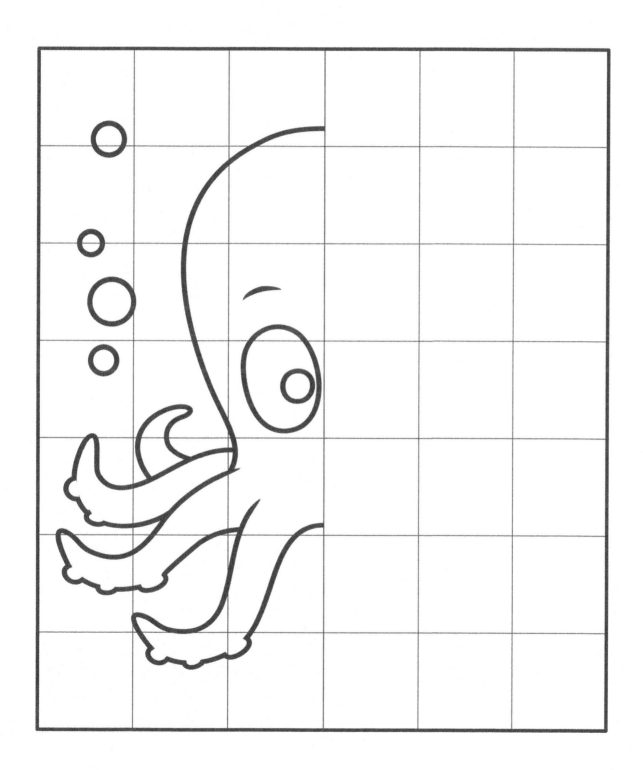

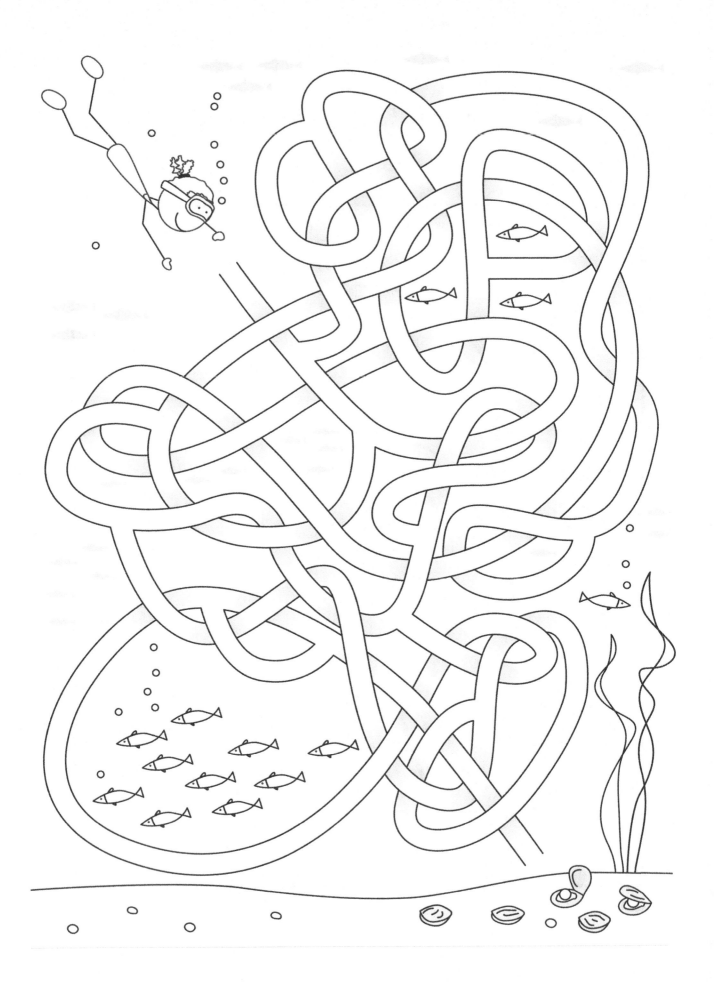

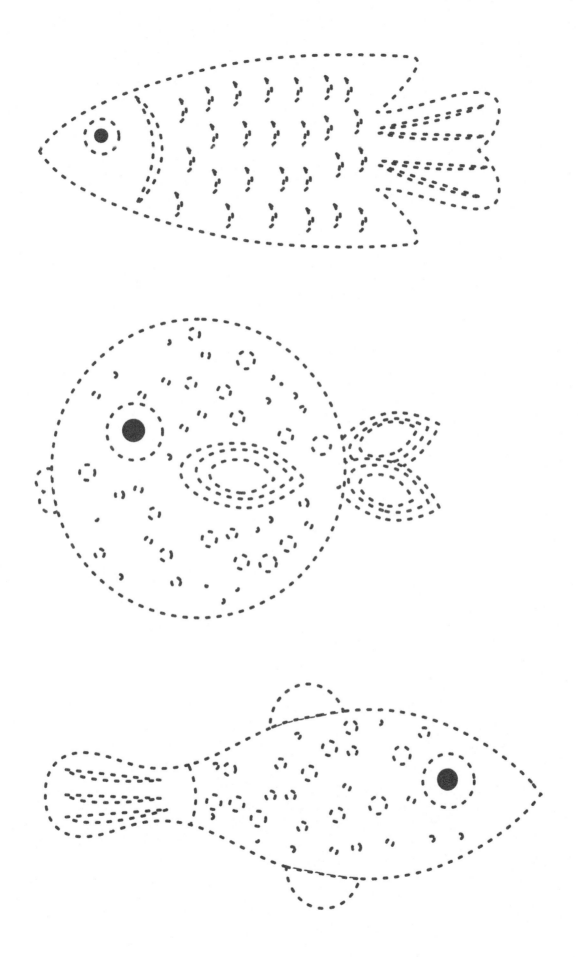

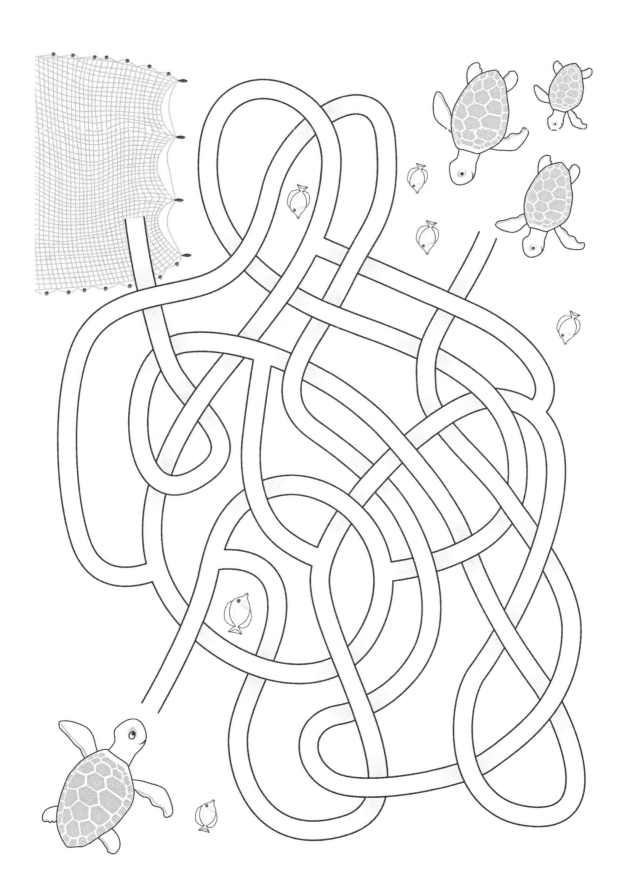

How many sea animals do you see?
Count and write.

Color by Numbers

1 - Orange
3 - Red
5 - Light blue
7 - Dark blue

2 - Yellow
4 - Light pink
6 - Blue
8 - Pink

Copy the
Picture

Color by Numbers

4	4	4	4	4	0	0	0	0	0	0	0	0	0	0	0	0	0	4	4	4	4	4	4	0	0
4	4	4	4	4	4	4	0	0	4	4	4	4	0	0	0	0	0	0	0	4	4	0	0	0	0
4	4	4	4	4	4	0	4	4	2	2	2	2	2	0	0	0	0	0	0	0	0	0	0	0	0
4	4	4	4	4	4	4	4	4	2	2	1	1	1	1	1	1	2	2	0	0	0	0	0	0	0
4	4	4	4	4	4	4	2	2	1	1	1	1	1	1	1	1	1	1	2	2	0	0	0	0	0
4	4	4	4	4	4	2	1	1	1	1	1	1	1	1	1	1	1	1	1	1	2	0	0	4	4
4	4	4	4	4	2	1	1	2	2	2	1	1	1	1	1	1	2	2	2	1	2	4	4	4	4
4	4	4	4	4	2	1	2	0	0	0	2	1	1	1	1	2	0	0	0	2	1	2	4	4	4
0	4	4	4	2	1	2	0	3	3	0	0	2	1	1	2	0	3	3	0	0	2	1	2	4	4
0	4	4	4	2	1	2	0	3	0	0	0	2	1	1	2	0	3	0	0	0	2	1	2	4	4
0	0	4	4	2	1	2	0	0	0	0	0	2	1	1	2	0	0	0	0	0	2	1	2	4	4
0	0	0	4	4	2	1	2	0	0	0	2	3	1	1	3	2	0	0	2	1	2	4	4	4	4
0	0	0	0	0	2	1	1	2	2	2	1	1	3	3	1	1	2	2	2	1	1	2	4	4	4
0	0	0	0	0	0	2	1	1	1	1	1	1	1	1	1	1	1	1	1	1	2	4	4	4	4
0	0	0	0	0	0	0	2	1	1	1	2	2	2	2	2	1	1	1	2	4	4	4	4	4	4
0	0	0	0	0	0	0	0	2	2	2	2	2	2	2	2	2	2	4	4	0	0	4	4		
0	0	0	0	0	0	0	0	2	2	2	0	2	2	0	2	2	2	2	4	0	4	4	0	4	
4	0	0	2	2	2	0	0	0	2	2	0	2	2	0	0	2	2	0	0	4	4	0	4	0	4
4	4	2	4	0	0	2	0	0	2	2	0	2	0	0	2	2	0	0	0	0	4	4	0	0	
4	2	4	4	4	2	0	0	2	2	0	2	0	0	0	2	2	0	0	0	0	0	0	0	0	
4	2	4	4	2	2	0	0	0	2	0	0	2	0	0	0	2	0	0	0	0	0	0	0		
4	4	2	4	4	4	4	4	2	0	0	2	0	0	2	0	0	2	0	0	0	0	0	4	4	
4	4	4	2	2	4	4	2	2	4	4	0	0	2	0	2	0	0	0	2	0	0	4	4	4	4
4	4	4	4	4	2	2	4	4	4	4	4	2	4	0	2	0	0	2	4	4	2	4	4	4	4
4	4	4	4	4	4	2	4	4	4	4	4	4	2	4	4	4	2	4	4	2	4	4	4	4	
4	4	4	4	4	4	2	2	4	4	4	4	4	4	2	4	4	4	4	2	4	4	4	4	4	
4	4	4	4	4	4	2	4	4	4	2	4	4	4	4	4	2	2	2	4	4	4	4			
4	4	4	4	4	4	2	2	2	2	4	4	4	2	4	4	4	4	4	4	4	4				
4	4	4	4	4	4	4	4	4	4	4	2	4	4	2	4	4	4	4	4	4	4				
4	4	0	4	4	4	4	4	4	4	4	2	4	4	2	4	4	4	4	4	4	4				
4	0	0	0	4	4	0	4	4	4	4	2	4	4	4	4	2	4	4	4	4	4	4			
0	0	0	0	0	0	0	0	0	4	4	4	2	4	4	4	2	4	4	4	4	0	4	4		
0	0	0	0	0	0	0	0	0	0	4	4	4	2	2	2	4	4	4	4	0	0	0	4		
0	0	0	0	0	0	0	0	0	0	0	4	4	4	4	4	4	4	4	0	0	0	0			
0	4	4	0	0	0	0	0	0	0	0	0	0	0	4	4	4	4	4	0	0	0	0	0		

1 - Light pink   3 - Black

2 - Pink   4 - Blue

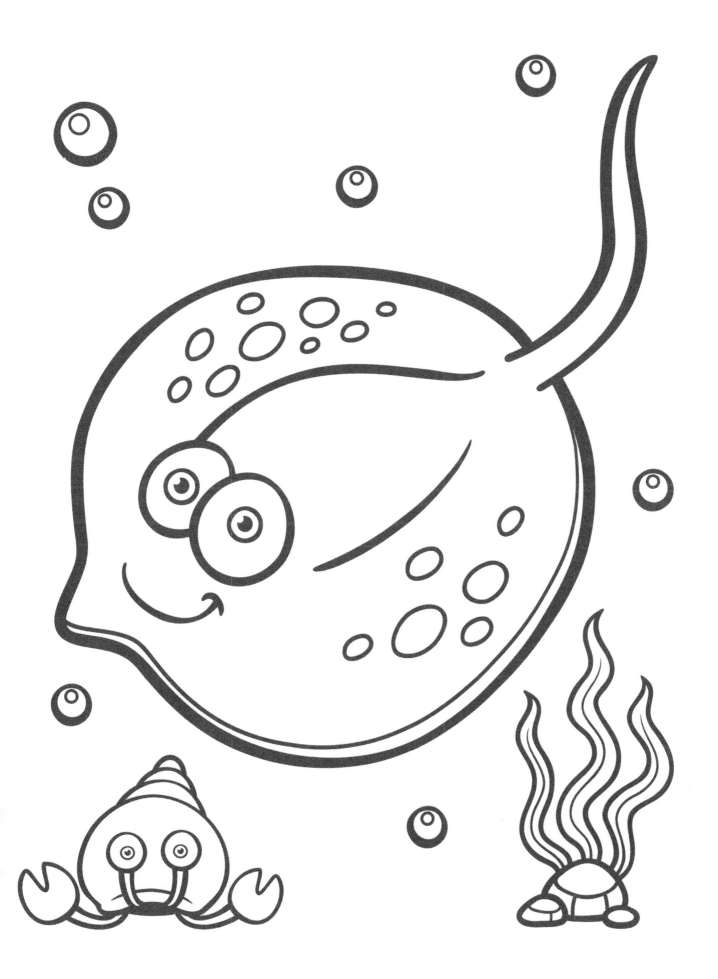

Find All Fish Shadows

Color by Numbers

2	2	2	2	2		2	2	1	1	1	2	2
2	2			2	1	1	1	1	5	1	1	2
2	1			1	1	4	5	5	1	2	2	2
2	2	1	1	4	5	4	5	4	1	2	2	2
1		1	5	4	5	4	5	1	1	1	5	2
1	1	5	5	4	5	4	5	4	1	4	5	1
1	5	3	5	4	5	4	5	4	4	4	1	1
1	5	5	5	4	5	4	5	4	4	4	1	2
2	1	5	5	4	5	4	5	4	1	4	5	1
2	2	1	5	4	5	4	5	1	1	1	5	1
2	2	1	1	4	5	4	5	4	1	1	1	2
2	1	1	1	1	1	4	5	5	1	1	1	1
2	2	1	1	1	1	1	1	1	5	1	1	2
2	2	2	2	2	2	2	1	1	1	1	2	2

1 - blue 2 - light blue 3 - black 4 - green 5 - yellow

Find 10 Differences

Color by Numbers

1 - Light green   3 - Yellow   5 - Red   7 - Blue
2 - Green   4 - Orange   6 - Light blue

Find 9 Differences

Find One of a Kind

Color by Numbers

1 - Yellow   3 - Light Purple   5 - Pink   7 - Light blue

2 - Red   4 - Purple   6 - Green   8 - Blue

Find 7 Differences

Color by Numbers

```
4 4 4 4 4 4 4 0 0 0 0 0 4 4 4 4 4 0 0 4 4 4 0 4 4 4 4
4 4 4 4 4 4 4 4 0 0 0 0 0 0 4 4 0 0 0 0 0 0 0 0 4 4 4
4 4 4 4 4 4 4 4 4 4 0 0 0 0 0 0 0 0 0 0 0 0 0 0 0 4 4
4 4 4 4 4 4 4 4 4 4 4 0 0 2 0 0 0 0 0 0 0 0 0 0 0 0 0
4 4 4 4 4 4 4 4 4 4 4 4 2 1 2 0 0 0 0 4 4 0 0 0 0 0 0
4 4 4 4 4 4 4 4 4 4 4 2 1 2 0 0 0 4 4 4 4 4 4 0 0 0
4 4 4 4 4 4 4 4 4 4 2 1 1 1 2 4 4 4 4 4 4 4 4 0 4
4 4 4 4 4 4 4 4 4 2 2 1 1 2 4 4 4 4 4 4 4 4 4 4 4
4 4 4 4 4 4 4 4 4 2 1 1 1 2 4 4 4 4 4 4 4 4 4 4 4
0 0 4 4 4 4 4 4 4 2 1 1 2 2 4 4 4 4 4 4 4 4 4 4 4
0 0 0 4 4 4 4 4 4 2 1 1 1 1 1 2 4 4 4 4 4 4 4 4 4
0 0 2 2 2 2 2 4 4 2 2 2 1 2 1 2 2 2 4 4 2 2 2 2 4 4
0 2 1 1 1 1 1 2 2 2 0 0 2 1 2 0 0 2 2 2 1 1 1 1 1 2 4
0 2 1 1 2 1 1 1 2 0 3 3 0 2 0 3 3 0 2 1 1 2 1 2 1 2 4
0 0 2 1 1 2 1 2 2 0 3 0 0 2 0 3 0 0 2 2 1 1 1 1 2 4 4
0 0 0 2 2 1 1 1 2 0 0 0 0 2 0 0 0 0 2 1 1 1 2 2 4 4 0
0 0 0 0 0 2 2 1 2 2 0 0 2 1 2 0 0 2 2 1 2 2 0 0 0 0
0 0 0 0 0 0 0 2 1 1 2 2 1 1 1 2 2 1 1 2 0 0 0 0 0 0
0 0 0 0 0 0 0 0 2 1 1 3 1 1 1 3 1 1 2 0 0 0 0 0 0 4
0 0 0 0 0 0 0 0 2 2 1 1 3 3 3 1 1 1 2 0 0 4 4 4 4 0 4
0 0 0 0 0 0 0 0 2 1 1 1 1 1 1 1 1 2 1 2 0 4 4 4 4 4 4
0 0 0 0 0 0 0 2 1 1 1 2 1 1 1 1 1 1 1 2 4 4 4 4 4 4 4
0 0 0 0 0 0 0 2 1 2 1 1 2 2 2 1 2 1 2 2 4 4 4 4 4 4
0 0 0 0 0 0 2 1 1 1 1 2 4 4 4 2 1 1 1 1 2 4 4 4 4 4
0 0 0 4 4 4 2 1 2 1 2 4 4 4 4 4 2 1 2 1 2 4 4 4 4 4
0 0 4 4 4 2 1 1 1 2 4 4 4 4 4 4 2 1 2 1 2 4 4 4 4 4
4 4 4 4 4 2 1 1 0 4 4 4 4 4 4 4 4 2 1 1 2 4 4 4 4 4
4 4 4 4 4 4 2 2 4 4 4 4 4 4 4 4 4 4 2 2 4 4 4 4 4 4
4 4 4 4 4 4 4 4 4 4 4 4 4 4 4 4 4 4 4 4 4 4 4 4 4 4
4 4 4 4 4 4 4 4 4 4 4 4 4 4 4 4 4 4 4 4 4 4 4 0 0
4 4 4 4 4 4 4 4 4 4 4 4 4 0 0 0 0 4 4 4 4 4 0 0 0 0
4 4 4 4 4 4 4 4 4 4 0 0 0 0 0 0 0 0 4 4 0 0 0 0 0 0
4 4 4 4 4 4 4 4 4 4 0 0 0 4 4 0 0 0 0 0 0 0 0 0 4
4 4 4 4 4 4 4 4 4 0 0 0 0 4 4 4 4 4 0 0 0 0 0 0 4 4
```

1 - Orange   3 - Black
2 - Red   4 - Blue

Ocean Word Search

S	H	I	P	T	O	J	P	F	D
I	A	S	U	N	E	L	A	I	S
F	N	I	D	S	Y	W	I	S	A
E	C	S	C	L	O	U	D	H	I
T	H	Y	K	G	Y	L	E	T	L
A	O	H	T	A	C	K	L	E	R
B	R	E	Q	I	L	E	H	T	I
S	E	L	M	W	H	A	L	E	D
P	A	M	L	J	A	M	E	R	S
Y	S	T	E	A	M	B	O	A	T

SHIP   TACKLE
SUN   SAIL
ANCHOR   CLOUD
FISH   WHALE
STEAMBOAT

Y	S	T	E	A	M	B	O	A	T
P	A	M	L	J	A	M	E	R	S
S	E	L	M	W	H	A	L	E	D
B	R	E	Q	I	L	E	H	T	I
A	O	H	T	A	C	K	L	E	R
T	H	Y	K	G	Y	L	E	T	L
E	C	S	C	L	O	U	D	H	I
F	N	I	D	S	Y	W	I	S	A
I	A	S	U	N	E	L	A	I	S
S	H	I	P	T	O	J	P	F	D

Color by Numbers

1 - blue, 2 - yellow, 3 - green, 4 - brown, 5 - dark blue,
6 - dark green, 7 - orange, 8 - purple

Sudoku

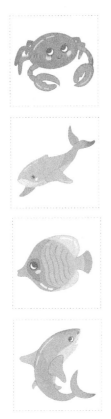

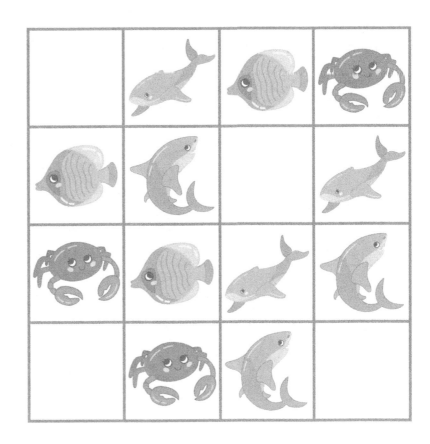

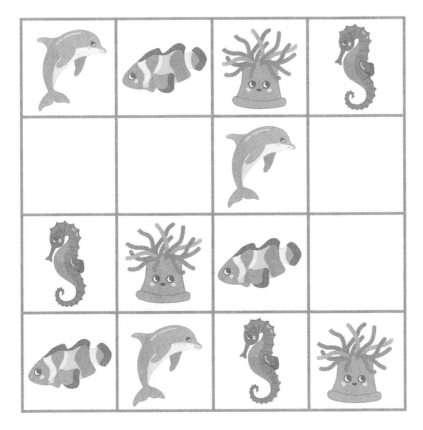

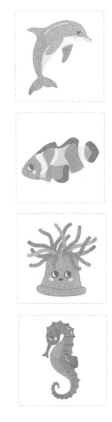

Color by Numbers

(Color-by-numbers grid, 24 columns wide)

1	1	1	1	1	1	1	1	1	1	1	1	1	1	1	1	1	1	1	1	1	1	1	1
1	1	1	1	1	1	1	1	1	1	3	1	1	1	1	1	1	1	1	1	1	1	1	1
1	1	1	1	1	1	1	1	1	3	6	3	1	1	1	1	1	1	1	1	1	1	1	1
1	1	1	1	1	1	1	4	3	6	9	6	3	4	4	1	1	1	1	1	1	1	1	1
1	1	1	1	1	1	4	3	6	6	6	6	6	3	4	4	1	1	1	1	1	1	1	1
1	1	1	1	1	4	4	4	4	4	4	4	4	4	4	4	4	1	1	1	1	1	1	1
1	1	1	1	4	4	4	4	4	4	4	4	4	4	4	4	4	1	1	1	1	1	1	1
1	1	1	1	4	4	4	4	4	4	4	4	4	4	4	4	4	1	1	1	1	1	1	1
1	1	1	4	4	4	3	3	3	3	3	3	3	4	4	4	4	1	1	1	1	1	1	1
1	1	1	4	4	4	2	7	2	2	2	7	2	4	4	4	4	1	1	1	1	1	1	1
1	1	1	4	4	4	2	2	2	2	2	2	2	4	4	4	4	1	1	1	1	1	1	1
1	1	1	4	4	4	2	2	2	2	2	2	2	4	4	4	4	4	1	1	1	1	1	1
1	1	1	1	4	4	2	2	2	4	2	2	2	4	4	4	4	4	1	1	1	1	1	1
1	1	1	1	1	4	4	2	2	2	2	2	4	4	4	4	4	4	1	1	1	1	1	1
1	1	1	1	1	1	4	4	3	3	3	4	4	4	4	1	4	1	1	1	1	1	1	1
1	1	1	1	1	1	2	2	2	2	2	2	2	4	4	4	1	4	1	1	1	1	1	1
1	1	1	1	1	1	2	2	6	6	6	6	6	2	2	4	4	1	1	1	1	1	1	1
1	1	1	1	1	1	2	3	6	6	6	6	6	3	2	2	2	1	1	1	1	1	1	1
1	1	1	1	1	2	2	3	1	3	3	3	3	1	3	3	2	2	2	1	1	1	1	1
1	1	1	1	1	2	3	1	1	2	2	2	2	5	1	1	3	3	3	1	1	1	1	1
1	1	1	1	2	2	3	1	5	2	2	2	5	5	8	1	1	3	1	1	1	1	1	1
1	1	1	2	3	3	1	1	8	5	5	5	5	8	8	8	1	1	1	1	1	1	1	1
1	1	1	3	1	3	1	1	8	8	8	8	8	8	8	8	1	1	1	1	1	1	1	1
1	1	1	1	1	1	1	1	8	8	8	8	8	8	8	8	1	1	1	1	1	1	1	1
1	1	1	1	1	1	1	1	1	8	8	8	8	8	8	8	8	1	1	1	1	1	1	1
1	1	1	1	1	1	1	1	1	8	8	8	8	8	8	8	8	1	1	1	1	1	1	1
1	1	1	1	1	1	1	1	1	1	8	8	8	8	8	8	8	1	1	1	1	1	1	1
1	1	1	1	1	1	1	1	1	5	5	8	8	8	8	1	1	1	1	1	1	1	1	1
1	1	1	1	1	1	1	1	5	5	1	1	8	8	8	1	1	1	1	1	1	1	1	1
1	1	1	1	1	1	5	5	5	5	1	1	8	8	8	1	1	1	1	1	1	1	1	1
1	1	1	1	1	1	5	5	5	8	8	1	8	8	8	1	1	1	1	1	1	1	1	1
1	1	1	1	1	1	5	1	1	1	8	8	8	8	1	1	1	1	1	1	1	1	1	1
1	1	1	1	1	1	1	1	1	1	1	1	1	1	1	1	1	1	1	1	1	1	1	1

1 - aquamarine   2 - beige   3 - orange   4 - red   5 - dark green
6 - yellow   7 - black   8 - light green   9 - pink

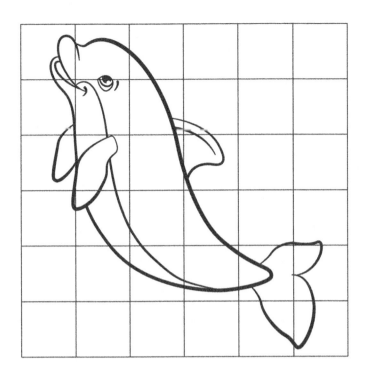

Copy the
Picture

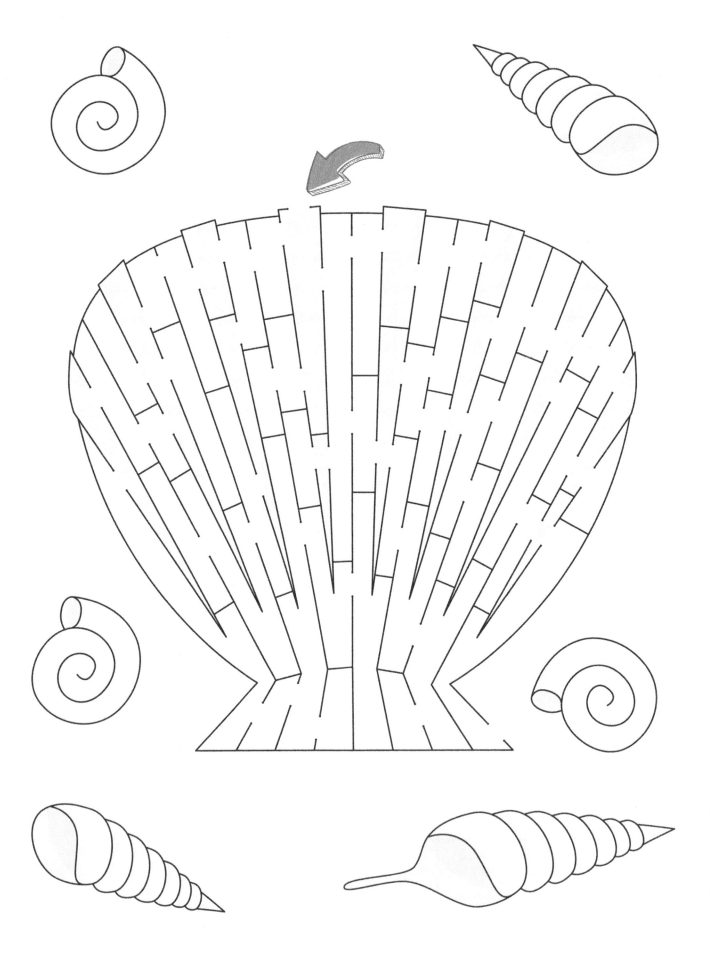

Count and Color

Made in the USA
Las Vegas, NV
07 April 2024

88359414R00063